AF461425

Arrest du Conseil

Portant reglement sur les oppositions au Titre ou sceau des offices dependans des ordres du Roy. du 2. 8bre 1742.

Le Roy etant informé que quoique le Chancelier Garde des sceaux des ordres de sa Majesté, soit en possession depuis longtems, de recevoir les oppositions qui se forment au Titre ou au sceau des provisions des offices desdits ordres, qui sont susceptibles d'hypotheque; cependant l'usage etabli sur ce point, n'ayant pas eté autorisé jusqu'à present par une decision expresse et precise de sa Majesté, il arrive souvent que ceux qui ont des droits à exercer sur les dits offices forment leurs oppositions entre les mains des Gardes des rolles des offices de france, pendant que d'autres ne font notifier leurs oppositions qu'au Chancelier Garde des sceaux desdits ordres, ce qui pourroit donner lieu a des contestations sur la validité desdites oppositions, et sur la preference des unes ou des autres; Le Roy auroit consideré qu'il etoit non seulement de la dignité des ordres dont il est le Chef, d'assurer l'effet que doit produire le sceau apposé aux provisions des offices qui en dependent, mais même du bien public, pour la sureté de ceux qui ont des droits à exercer sur lesdits offices, d'Etablir une regle uniforme sur la maniere de veiller à la conservation de ces droits, en cas de mutation des Titulaires des mêmes offices, a quoy voulant pourvoir. S. R. E. E. S. C., a ordonné et ordonne que les oppositions au Titre ou au Sceau des provisions des offices dependans des ordres de Sa Majesté, ne pourront estre formées qu'entre les mains du Chancelier Garde des Sceaux desdits ordres, et ce, par le ministere des huissiers du Conseil, ou de la grande Chancellerie, qui ont seuls le droit de signifier les oppositions au titre ou au Sceau des autres offices : fait Sa Majesté tres expresses inhibitions et deffenses a tous ceux qui pretendent avoir des droits de propriété ou de créances sur les offices dependans desdits ordres, de former à l'avenir aucunes oppositions par rapport auxdits offices entre les mains des Gardes des rolles des offices de france, et à tous huissiers du Conseil, ou de la grande Chancellerie, de signifier de pareilles oppositions, Le tout à peine de nullité desdites oppositions et significations.

Ordonne au surplus Sa Majesté, que les dispositions portées par la declaration du 27. avril 1748. concernant Les oppositions au Titre, l'Edit du mois de fevrier 1683., et la declaration du 15. mars 1741. soient executez par rapport aux oppositions au Titre ou au Sceau des offices dependans desdits ordres, ainsi et de la même maniere qu'à l'egard des oppositions formées au Titre ou au Sceau des autres offices. Veut et entend Sa Majesté, que les contestations qui pourroient survenir en execution du present arrêt, ne puissent estre portées ailleurs qu'en son Conseil, s'en reservant expressement la connoissance, et l'interdisant à toutes ses Cours et autres Juges. Et

Et sera le present arrêt, lû, publié et affiché où besoin sera.

Table

Des Edits, Declarations, Arrêts, Reglemens et Deliberations concern.t l'Etablissement, les droits Prerogatives et Fonctions des Avocats aux Conseils du Roy, et la Police du College des dits Avocats.

depuis 1585. jusqu'au mois de 7bre 1738.

Arrest du Conseil, qui reduit au nombre de dix, le nombre des avocats qui se presentoient et postuloient au Conseil, lesquels seront continuellement a la suite du Conseil, et defend à tous autres, même du Grand Conseil, de se presenter au Greffe du Conseil, sauf à ceux des Cours Souveraines à estre reçus a y plaider. 25. Janv.er 1585.

Arrest du Conseil, qui permet au Lieutenant et Procureurs du Roy en la Prevôté de l'hostel, de postuler et consulter pour les Parties en son Conseil, nonobstant l'ordonnance du 25. Janvier precedent. 19. may 1585.

Edit de creation de 160. offices d'avocats aux Conseils. 7bre 1643.

Edits de creation de 40. nouveaux offices d'avocats aux Conseils.. Janvier 1644.

Relief d'adresse aux Requestes de l'hostel sur les deux Edits de creation des deux cens offices d'avocats esdits Conseils.. 19. mars 1645.

Arrest du Conseil qui contient defenses aux cy-devant matriculaires d'avocats, qui n'ont levé des deux cens offices, d'en faire aucune fonction ni exercice sur les peines y contenües.. 12. 8bre 1644.

Lettres patentes ou Commission d'un office d'avocat au Conseil, pour les Pauvres, pour estre exercé par françois Voilleret.. 1er avril 1645.

Arrest du Conseil, portant que les Lieutenans et Procureurs du Roy de la Prevôté de l'hostel, continüeront de faire les fonctions d'avocats au Conseil. 31. Janver 1646.

Declaration portant creation en titre d'office de trois charges d'avocats aux Conseils unies aux offices de Lieutenants et Procureur du Roy en la Prevôté de l'hostel.. 9. avril 1646.

Edit de creation de 30. nouveaux offices d'avocats aux Conseils.. aoust 1646.

Edit portant creation, en tant que besoin, de 30. avocats aux Conseils, creés par l'Edit du mois d'aoust. 9bre 1646.

Jugement de Mrs Les Mes des Requestes de l'hostel, d'Enregistrement desdits Edits. 11. xbre 1646.

Jugement de Mrs Les Mes des Requestes de l'hostel, portant homologation d'une deliberation des avocats au Conseil pour contraindre les confreres au payement du droit de Chapelle .. 13. 8bre. 1648.

Jugement de Mrs Les Mes des Requestes de l'hostel, portant que ceux des avocats aux Conseils de sa Majesté, qui n'ont occupé és instances ou il y a eu adjudication de depens, ne pourront faire proceder à la taxe d'jceux, et qu'il n'y aura que ceux qui ont occupé, qui en puissent faire la poursuite, et percevoir les emolumens. 30. 7bre 1649.

Edit de suppression des 30. nouveaux offices d'avocats aux Conseils .. 7bre 1650.

Deliberation de la Communauté des avocats aux Conseils, pour l'etablissement du droit de 4tt. par production .. 12. 7bre 1650.

Arrest du Conseil, contenant nouvelles defenses aux cydevant matriculaires d'avocats, et autres, qui n'ont levé de deux cens offices, d'en faire aucune fonction, à peine de punition corporelle, et autres peines portées par led. arrest .. 21. 9bre 1650.

Rolle des deux cens avocats du Conseil privé du Roy et de ses finances, qui sont a la nomination de Mgr. le Garde des Sceaux .. 1er xbre 1650.

Jugement souverain de Mrs Les Mes des Requestes de L'hostel, portant homologation d'une deliberation des avocats aux Conseils, pour le service dans leurs assemblées . . 10. may 1651.

Arrest du Conseil confirmatif des privileges et droits de com mittimus au grand sceau, attribuée aux avocats ès Conseils d'Etat et privé de sa Majesté, par les Edits de creation de leurs charges en titre d'office, par lequel, en vertu du privilege du Sr St Germain le fevre, l'un desdits avocats èsdits Conseils, Les parties y denommées demeurantes au ressort du Parlement de Normandie et leurs procés et differents à cause d'opposition afin de distraire, en matiere de decret et de preference pour dettes et hypotéques entre creanciers, et action de garentie en consequence, ont été renvoyées aux Requestes de L'hostel en premiere Instance, et par appel au Parlement de Paris, avec defenses au Parlement de Roüen, et à tous autres Juges d'en connoitre . . 11. Juillet 1651.

Arrest du Conseil qui maintient L'avocat des pauvres en son titre et en ses fonctions . . 4. aout. 1651.

Jugement des Requestes de L'hostel, qui ordonne qu'un sollicitteur comparoistra devant un de Mrs, pour estre oüy sur les faits à luy imputés. 8. Janvr 1652.

Jugement de Mrs Les Mes des Requestes de L'hostel qui maintient les officiers de la Prevosté de L'hostel pendant leurs vies, dans les fonctions d'avocats aux

Conseils et en exclud leurs Successeurs. 17. Janvier 1652.

Lettres d'Etat accordées aux Syndics et Communauté des avocats aux Conseils qui etoient a la suite du Roy, pendant un voyage de la Cour a Poitiers. 30. Janvier 1652.

Deliberation du College des avocats aux Conseils, pour exempter les fils et gendres des officiers de la Communauté des droits de reception. 4. gbre 1652.

Rolle des Confreres avocats aux Conseils qui ont manqué de se trouver aux assemblées de la Communauté dans le mois qu'ils y sont obligés pendant la presente année 1653. à commencer du premier jour d'avril dernier que les billets imprimés ont été envoyés au sujet dudit service des mois. 25. aoust. 1653.

Commission du grand sceau pour contraindre au payement desdites amendes. 8. gbre 1653.

Extrait d'une deliberation du College des avocats aux Conseils, concernant les droits et exemptions de leurs officiers. 29. Janvier 1654.

Deliberation du College des avocats aux Conseils, sur la discipline, dans leurs assemblées. 15. mars. 1655.

Arrest du Conseil, portant que l'avocat des Pauvres seroit inscrit sur la Liste des avocats aux Conseils. 16. avril 1655.

Arrest du Conseil, qui permet aux Syndics des avocats au Conseil de faire des visites chez les solliciteurs. 10. Juillet 1658.

Deliberation du College des avocats aux Conseils pour la distribution des Jettons aux assemblées, et pour le droit de Chapelle. 26. 9bre 1658.

Jugement des Requestes de l'hostel, qui fait defenses aux Solliciteurs de faire les fonctions des avocats au Conseil, a peine de punition corporelle, et aux dits avocats de leur prester leurs noms a peine d'interdiction. 12. Janvier 1660.

Arrest du Conseil, qui ordonne l'execution des arrests et Reglemens contre les Solliciteurs de procés et les prestes noms, et que la Liste des avocats aux Conseils sera exposée aux Greffes du Conseil des Requestes de l'hostel et autres. 2. mars 1660.

Deliberation du College des avocats aux Conseils, concernant la police de leurs Clercs. 19. avril 1660.

Arrest du Conseil, qui ordonne que la Liste des avocats aux Conseils sera exposée dans tous les Greffes des Cours et principaux Sieges du Royaume, et fait defenses de s'adresser à autres qu'à eux. 17. 7bre 1660.

Brevet du Roy pour permettre aux avocats aux Conseils, comme commensaux, d'acquerir des places à fontaine bleau, et d'y faire bâtir sans estre sujet à la Craye. 12. aoust 1661.

Arrest du Conseil, portant defenses à tous huissiers et Sergens, autres que ceux du Conseil et des Requestes de l'hostel, d'executer des contraintes et Executoires sur des

des avocats aux Conseils . . 11. aoust 1666.

Deliberation du College des avocats aux Conseils pour contraindre les confreres, a l'amende, faute de faire leur service et au payement du droit de Chapelle . . . . 7. fevrier 1667.

Arrest du Conseil, qui ordonne que par provision les avocats aux Conseils de sa Majesté, auront dans les assemblées generalles et particulieres consultations, arbitrages, et ailleurs, ou ils se trouveront avec les avocats au Parlement de paris, le rang et la presceance, suivant l'ordre de leurs matricules . . 24. 8bre . 1670.

Arrest du Conseil, portant que par provision les procureurs au parlement ne pourront occuper aux requestes de l'hostel au souverain, ni aux commissions du Conseil contre les avocats aux Conseils . . 16. xbre 1670.

Deliberation du College des avocats aux Conseils, portant que les confreres qui sont constitués au lieu et place d'un de leurs confreres, seront tenus de le payer, et condamne un avocat en 60.tt d'amende, pour avoir refusé de se rendre à l'assemblée, aprés y avoir eté mandé quatre fois . . 8. may 1671.

Arrest du Conseil, qui maintient les avocats aux Conseils dans le droit de Committimus, nonobstant la restriction portée par l'ordonnance de 1669 . . 26. 8bre 1671.

Lettres patentes expediées sur ledit arrest en faveur desdits avocats . . xbre 1671.

Lettres de relief d'adresse sur lesdittes lettres patentes adressées a Mrs Les Mes des Requestes. xbre 1671.

Jugement de Mrs Les Mes des Requestes de l'hostel portant enregistrement desdites lettres et arrest pour jouir par les Inspecteurs dudit droit de Committimus. 30. xbre 1671.

Jugement de Mrs Les Mes des Requestes de l'hostel, portant que les Clercs des avocats aux conseils, n'ont aucune action contre les avocats et les parties pour leurs pretendus droits. 16. xbre 1671.

Arrest du Conseil. qui deffend aux procureurs au Parlement d'occuper aux Requestes de L'hostel, sur les appels des procedures du Conseil. 1er Juin 1672.

Arrest du Conseil qui deffend aux procureurs au Parlement, d'occuper devant les Commissaires du Conseil. 6. Juillet 1672.

Edit du Roy, portant suppression des 40. offices d'avocats au Conseil. 7bre 1672.

Edit du Roy, portant retablissement de Dix avocats au Conseil. xbre 1672.

Arrest du Conseil, qui ordonne qu'il sera continué un avocat au Conseil en lieu [illegible]. Sur une demande formée aux Requestes de l'hostel contre le nommé Chauveau cy devant avocat au Conseil en restitution d'un billet pour frais et procedures à faire dans une Instance au Conseil, sur [illegible] [illegible] taxer et liquider lesdits frais en la maniere accoutumée. 10. mars 1673

Deliberation de la Communauté des avocats aux Conseils au sujet des prestes noms . . 20. 7bre 1673.

Arrest du Conseil, qui ordonne qu'une partie constitura un avocat au Conseil aux Requestes de L'hostel, au lieu d'un procureur au Parlement sur une contestation concernant le payement de depens faits au Conseil . . 25. 8bre 1673.

Ordonnance du Parlement pour permettre de faire afficher L'arrest du Conseil du 17. 7bre 1660. et La Liste des avocats aux Conseils, au Greffe de la Cour, et des Baillages, Senechaussées et Sieges Royaux du ressort . . 15. 9bre 1673.

Reglement fait par M. Le Chancelier Daligre pour donner et faire rendre la Loy à ceux qui se font recevoir avocats aux Conseils . 3. Janvier 1674.

Arrest du Conseil qui deffend aux procureurs au Parlement d'occuper sur les appellations des taxes et executoires de depens adjugés par arrest du Conseil . . 28. mars 1674.

Commission sur ledit Reglement pour le faire enregistrer en la grande Chancellerie . . 3. avril 1674.

Arrest du Conseil qui ordonne qu'une partie constituera vn avocat au Conseil sur l'appel d'une taxe de depens du Conseil. 4. juin 1674.

Arrest du Conseil, qui ordonne qu'une partie constituera vn avocat au Conseil au lieu d'un procureur au Parlement, sur vn appel de taxe du Conseil. 27. juin 1674.

Arrest du Conseil, portant que les Syndics des avocats aux Conseils, remettront leurs titres a M. de Bleinie Me. des Requestes, pour sur l'avis de M. le Chancelier, estre fait reglement sur le fait de la discipline de leur Communauté. 15. 7bre 1674.

Reglement fait par le Roy, pour les Me. des requestes de son hostel, et pour obliger les avocats aux Conseils d'employer dans les requestes les noms, surnoms, qualités et demeures de leurs parties. 27. 8bre 1674.

Arrest du Conseil, portant deffenses aux procureurs au Parlement d'occuper sur les appellations des taxes et executoires de depens du Conseil. 12. Xbre 1674.

Jugement de Mrs. les Mes. des Requestes de l'hostel qui renvoye les Syndics des avocats aux Conseils devant quatre de Mrs, pour estre entendus, et estre ensuite referé a M. le Chancelier, pour estre fait reglement sur la jurisdiction de la Compagnie concernant le fait de la sollicitation, et sur les deliberations prises par elle, au sujet de la discipline. 30. mars 1675.

Arrest du Conseil, qui sans avoir egard au Jugement

de Mrs Les Mes des Requestes du 30. may 1675, ordonne que conformement à des arrests precedents, les Syndics des avocats aux Conseils, remettront leurs memoires aux Commissaires nommés par lesdits arrests, pour a leur rapport, et sur l'avis de M. le Chancelier, y estre pourveü ainsi que de raison. 17. juin 1675.

Articles presentés a M. le Chancelier Daligre, pour regler la discipline interieure des avocats aux Conseils, et renvoyés par luy a leurs Syndics, et a quatre anciens, pour donner leur avis. Juin 1675.

Articles proposés de M. Le Chancelier, par deux Syndics des avocats aux Conseils du Roy, pour regler la fonction, et conserver l'union qui doit estre entre Les quatre Syndics pour Le bien et L'avantage de la Communauté desdits avocats. 8. Juin 1675.

Procés verbal de la Conference tenue par les avocats nommés par M. Le Chancelier pour l'examen desdits articles contenant leur avis sur chacun d'jceux. 20. may 1675.

Jugement de Mrs Les Mes des Requestes, portant qu'une partie constituera un avocat aux Conseils, au Lieu d'un procureur au Parlement, sur une contestation pendante aux Requestes de L'hostel, au sujet des faits et honoraires d'un avocat aux Conseils. 22. Juin 1676.

Memoire des avocats aux Conseils pour les faire joüir de tous leurs droits, presenté à la fin de 1676.

Deliberation du College des avocats aux Conseils, pour obliger les avocats nouvellement reçus à frequenter Les audiances des Requestes de L'hostel, pendant trois années consecutives, et que tous les avocats aux Conseils seront tenus d'y deffendre leurs causes par eux mêmes ou par leurs substituts. 27. xbre 1676.

Jugement de Mrs. Les Mes des Requestes de L'hostel, qui ordonne qu'une partie constituera un avocat aux Conseils, aux Requestes de L'hostel, sur une contestation au sujet de la taxe des frais salaires et vacations d'un avocat aux Conseils. 5. 8bre 1676.

Arrest du Conseil, qui maintient les avocats aux Conseils dans le droit de dresser et presenter au sceau Les Lettres de relief d'appel et autres introductives d'Instances. 13. 9bre 1677.

Jugement de Mrs. Les Mes des requestes ordinaires de L'hostel, portant que les Clercs des avocats n'ont point d'action contre eux pour les pretendus droits des Clercs. 10. xbre 1677.

Arrest du Conseil, portant que la partie qui desavoüe un avocat aux Conseils dans une Instance concernant ses honoraires, est obligée de constituer un avocat aux Conseils aux Requestes de L'hostel. 13. fevrier 1680.

Arrest du Conseil, qui permet aux avocats aux conseils de continuer de dresser Les Lettres du Sceau qui sont necessaires pour les Instances qu'ils

Instruisent . . . 3. aoust 1681.

Arrest du Conseil entre les Syndics des avocats aux Conseils, et la Communauté des procureurs au Parlement, au sujet de leurs fonctions aux Requestes de L'hostel . . 16. 7bre 1681.

Arrest du Conseil, portant deffenses à tous autres que les avocats aux Conseils, d'en faire les fonctions &c, a peine d'amende et de punition corporelle, et aux dits avocats de leur prester leurs noms, a peine d'interdiction, et permission a leurs Syndics de faire des descentes chés les Solliciteurs et autres. 7. 8bre. 1681.

Arrest du Conseil qui ordonne que les papiers saisies chez les Solliciteurs ou autres, seront remis aux Syndics, et que lesdits Solliciteurs ou autres seront tenus de leur rendre compte de leur conduite, pour donner leur avis, et sur iceluy estre fait droit aux Requestes de L'hostel . . 13. Janvier 1682.

Arrest du Conseil, qui sans s'arrester aux appellations des Solliciteurs et de prestes noms, les renvoye devant Le Sr. de la Briffe Commissaire deputé par le Conseil pour ces sortes d'affaires. 2. Juin 1682.

Arrest du Conseil qui ordonne que les Solliciteurs et autres chés lesquels les Syndics des avocats au Conseil se transporteront ouvriront leurs portes, sinon permet de les faire ouvrir pour proceder a la saisie de leurs papiers, que lesdits avocats impliqués dans le fait de Sollicitation, leurs Clercs et lesdits

Solliciteurs, seront tenus de se rendre a la Chambre pour ce establie, pour y estre entendu et reconnoistre les ecritures, &c. 4. aoust 1682.

Arrest du Conseil d'Etat du Roy, qui regle le rang et la presceance que les avocats aux Conseils du Roy et les avocats au Parlement doivent garder entre eux dans les assemblées generales et particulieres, consultations, arbitrages, et ailleurs. 21. fevrier 1683.

Arrest du Conseil qui autorise l'assemblée des avocats aux Conseils, a interroger les solliciteurs de procés et les prestes noms, pour ensuite donner avis aux Requestes de l'hostel. 13. avril 1683.

Lettre du secretaire de M. le Chancelier ecrite a la Compagnie des avocats aux Conseils pour leur expliquer ses intentions contre ceux qui signent pour les solliciteurs de procés. 13. mars 1684.

Arrest du Conseil qui fait deffenses aux procureurs du Parlement d'assister aux levées de scellés qui se font par des Commissaires du Conseil. 6. Juin 1684.

Deliberation du College des avocats aux Conseils, contenant que faute par les confreres d'estre assidus aux assemblées de la Compagnie pendant leur mois, il sera delivré un executoire de 3.[lt] pour chaque fois contre les absens sans excuse receue par la Compagnie. 27. mars 1685.

Arrest du Conseil, qui restraint le droit de Commitimus du grand sceau des avocats aux Conseils, au quinze anciens, et reduit les autres au droit de Commitimus au petit sceau. 31. [illegible]bre 1687.

Deliberation du College des avocats aux Conseils, portant qu'il n'est pas necessaire de faire signifier a fontaine bleau un acte de sejour, quand il l'a eté à Paris. 23. 9bre 1688.

Deliberation du College des avocats aux Conseils, portant que les productions sur intervention seront sujettes au même droit que les autres. 29. Janvier 1695.

Jugement de Mrs. Les Mes. des Requestes de L'hostel, portant que les avocats aux Conseils, seront exempts de representer leurs registres. 12. xbre 1695.

Jugement de Mrs. Les Mes. des Requestes de L'hostel, portant pareille exemption en faveur desdits avocats. 10. Janvier 1696.

Jugement de Mrs. Les Mes. des Requestes de L'hostel, qui decharge les avocats aux Conseils de la necessité de representer leurs registres. 26. juin 1698.

Arrest du Conseil, qui deboute les Commis porte sacs du greffe du Conseil de leur demande a ce qu'il leur soit payé 20s. a la sortie, de même qu'a l'entrée des sacs. 7. aoust 1699.

Jugement de Mrs. Les Mes. des Requestes de L'hostel, portant homologation d'une deliberation du College des avocats aux Conseils, pour contraindre Les Confreres au payement du droit de Chapelle. 29. xbre 1702.

Edit de reunion de quatre Commis a la peau au Greffe des finances, créés par l'Edit du mois de juin precedent, aux charges de Secretaires du Conseil, avec le tarif de leurs droits . . 5. aoust. 1704.

Arrest de reglement pour les Doyen, Syndics, et college de Messieurs Les avocats aux Conseils du Roy, contre les S.rs Greffiers garde sacs, et controlleurs des ecritures du Conseil d'état privé du Roy, au sujet des productions au Greffe . . 14. mars 1707.

Decision de M. Le Chancelier de Pontchartrain sur la question de sçavoir, si l'assemblée des avocats aux Conseils, peut nommer un ancien pour aller avec les Syndics rendre compte a M. Le Chancelier d'une affaire de la Compagnie . . 2. aoust 1707.

Minutte d'une Lettre de M.rs Les Syndics a M. Le Chancelier, par laquelle ils luy donnent connoissance de lad. Deliberation et de leurs protestations, et ils Luy expliquent les motifs qui ont porté par passion aucun de M.rs Leurs confreres à leur faire cette injure, et ils Luy demandent l'honneur de sa protection. 4. aoust. 1707.

Lettre de M.rs Les Syndics au Secretaire de M. Le Chancelier . . 5. aoust 1707.

Lettre du Secretaire de M. Le Chancelier, qui justifie que M., approuve la Conduite de M.rs Les Syndics et le resultat de L'assemblée de M.rs Les anciens, au sujet de lad deliberation qui avoit donné un adjoint a M.rs Les Syndics . 9. aoust 1707.

Memoire presenté a M. Le Chancelier de Pontchartrain par les Syndics des avocats aux Conseils, au Sujet d'un droit de la Chapelle qui est dû par chacun des confreres.. 10. may 1707.

Lettre du Secretaire de M. Le Chancelier aux Syndics des avocats aux conseils pour faire executer leurs Deliberations et payer ledit droit. . 8. aoust 1707.

Memoire concernant la Chambre qu'occupent Mrs Les avocats aux Conseils aux Requestes de L'hostel, Memoire des huissiers des requestes de L'hostel pour que cette Chambre fut restituée.. 24. 7bre 1707.

. Reponse des avocats aux Conseils aud. memoire. 30. 7bre 1707.

Rapport fait a L'assemblée de la fin de cette affaire, qui paroit avoir eté terminée par la mediation de M. de la Cour des Bois, a L'avantage des avocats aux Conseils, qui sont toujours restés depuis en paisible possession de lad. Chambre . . 4. Janvier 1708.

Declaration du Roy, sur la presceance des avocats aux Conseils, sur ceux du Parlement. . 6. fevrier 1709.

Arrest de la Cour du Parlement qui en ordonne L'enregistrement . . 23. fevrier 1709.

Edit portant reglement pour les droits des Secretaires des finances et des Greffiers du Conseil.. 7bre 1709.

Reflexions de M.rs Les Syndics sur l'exemption des Droits Recipiendaires. . 7bre 1709.

Decision de M. Le Chancelier de Pontchartrain au Sujet des audiances aux Bureaux de M.rs Les Commissaires du Conseil. . 13. 7bre 1709.

Concordat passé entre les avocats et les Greffiers du Conseil, au Sujet des Expeditions des arrests du Conseil. . 24. xbre 1709.

Deliberation du College des avocats aux Conseils, portant enregistrement d'une lettre de M. Le Chancelier de Pontchartrain, qui decide que l'on ne doit donner la qualité d'ancien Syndic aux avocats au Conseil qui ont eté Syndics. . 25. fevrier 1710.

Deliberation du College des avocats aux Conseils, au Sujet de la decence des habits dans lesquels les Confreres doivent se presenter. . 25. fevrier 1710.

Deliberation du College des avocats aux Conseils, portant que l'avocat plus ancien des creanciers ne peut être exclus de cette qualité par la Constitution d'un autre avocat plus ancien que lui en reception, nouvellement constitué par un Creancier. . 7. 8bre 1710.

Le Recueil par Extraits de tous les titres, papiers, Comptes, Memoires et Enseignements de M.rs Les avocats aux Conseils du Roy. . 1710.

Arrest du Conseil, qui decharge les avocats aux Conseils, d'assignations à eux données au

Chatelet, pour reparation d'injures repandües dans leurs ecritures. . 19. may 1719.

Arrest du Conseil, qui deffend à tous avocats, autre que les avocats aux Conseils, de signer ny faire imprimer aucun factum dans les affaires qui se traitent dans les Conseils de sa Majesté, et dans les Commissions extraordinaires du Conseil, à peine de faux et de 1000.tt d'amende . . 9. mars 1723.

Arrest du Conseil, qui fait deffenses à tous autres qu'aux avocats aux Conseils, d'ecrire ny imprimer aucuns ouvrages dans les Instances du Conseil &c. 17. Janvier 1724.

Arrest du Conseil, qui ordonne l'execution de l'arrest du 9. mars 1723. et condamne un imprimeur en 100.tt d'amende. . 7. may 1725.

Deliberation du College des avocats aux Conseils, au sujet de l'assiduité du service aux assemblées de la Compagnie. . 2. Juillet 1725.

Deliberation du College des avocats aux Conseils, au sujet de l'excès dans les Ecritures. . 14. 7bre 1728.

Deliberation du College des avocats aux Conseils, au sujet des presentations sur les assignations.

14. aoust 1736.

www.ingramcontent.com/pod-product-compliance
Ingram Content Group UK Ltd.
Pitfield, Milton Keynes, MK11 3LW, UK
UKHW020536180726
13839UKWH00006B/2551